16	3	2	13
5	10	11	8
9	6	7	12
4	15	14	1

Petrobras Cultural

Ruy Proença

CAÇAMBAS

editora■34

EDITORA 34

Editora 34 Ltda.
Rua Hungria, 592 Jardim Europa CEP 01455-000
São Paulo - SP Brasil Tel/Fax (11) 3811-6777 www.editora34.com.br

Copyright © Editora 34 Ltda., 2015
Caçambas © Ruy Proença, 2015

Livro patrocinado pelo Programa Petrobras Cultural.

A FOTOCÓPIA DE QUALQUER FOLHA DESTE LIVRO É ILEGAL E CONFIGURA UMA
APROPRIAÇÃO INDEVIDA DOS DIREITOS INTELECTUAIS E PATRIMONIAIS DO AUTOR.

Imagem da capa:
Fotografia de Marco Buti, sem título, série Ir, *2013*

Capa, projeto gráfico e editoração eletrônica:
Bracher & Malta Produção Gráfica

Revisão:
Alberto Martins, Ção Rodrigues

1ª Edição - 2015

CIP - Brasil. Catalogação-na-Fonte
(Sindicato Nacional dos Editores de Livros, RJ, Brasil)

	Proença, Ruy, 1957
P149c	Caçambas / Ruy Proença — São Paulo: Editora 34, 2015 (1ª Edição).
	152 p. (Poesia)

ISBN 978-85-7326-604-7

1. Poesia brasileira. I. Título. II. Série.

CDD - B869.1

CAÇAMBAS

para
Georg Haberkamp e Donizete Galvão, in memoriam
Marisa, Ciça e Jorge — meus talismãs

"Têm uma cidade muito bonita, vocês", e a este cumprimento respondo que ele não pode dizer "têm", porque eu não tenho nada, a cidade não é minha. Talvez não tenhamos nos entendido bem, porque ele disse: "Ah, o senhor tampouco é daqui".

Antonio di Benedetto, *Os suicidas*

RÁDIO DE GALENA

BAÚ DE FAMÍLIA

um caranguejo
arranca um bife
da mão entrante
desprevenida

com dentes germânicos
o passado
carimba o visto
no passaporte

a mão hemorrágica
desliza sobre a pele
de mulheres feias
cabeças feias
antes lindas crianças

mas isso
é só o começo

há uniformes
impecáveis
militares
vestindo monstros

que se acham
deuses

suicidas seriais
dão o tom
da linhagem
em que
alguns pastores
moldam o quadro
político
patético

jovens
de faces rosadas
e calças curtas
correm
atrás da morte
no front

embora
a mão que vasculha
encontre
a mão solitária
de uma celista
não se ouve
o som
da melodia

além disso
nada indica
a presença
de mão-enfermeira
com calos
solícitos

o túnel do tempo
é escuro

TERATOLOGIA

um rato
entrou
em mim

por isso
me digo
monstro

como imaginavam
os seiscentistas
(Ambroise Paré
sobretudo)
foi pela porta
de entrada
ou saída
de uma mulher
que me tornei
um

vão

por onde
pudesse
entrar o rato

INCENDIÁRIO I

a inconsequência
mata
o medo

ateei o fogo
onde ele
não poderia estar

depois
o lancei
por cima do muro
do que sou

lancei o fogo
para além
do meu nome

a vizinhança
o mundo
incendiei

fogos de artifício
bombas
varreram o céu

e eu
de tão tolo
extasiado
esqueci de sair
do meu quintal

INCENDIÁRIO II

sei de uma infância
em que
pus fogo
em tudo:

primeiro
na mata
sequíssima

        (em pranto
        busquei socorro
        para salvar
        a família)

depois
embaixo do sofá
da sala

        (não movi
        uma palha)

DESANIVERSÁRIO

uma infância
uma chácara
no alto da cantareira

um pomar
e pedras gigantes/ espalhadas
onde se sentar

tédio
uma planta venenosa
proibida/ diz a mãe

penso/ proibitiva

na escuridão da noite
ver as estrelas

e no vale ao longe
as luzes
de franco da rocha
(estrelas)

não tinha noção
da relação
entre rocha
loucura
e estrelas

nem lembro
se as cercas eram
de arame farpado (estrelas)
como vieram a ser
no futuro

no dia
em que eu
fazia anos

eu era triste
e ninguém
estava morto

ANIVERSÁRIO

quem vem
em minha direção
como um cachorro sarnento
é o vento

não pergunto seu nome
nem ele
o meu

simplesmente
nos aceitamos
como dois velhos amigos

nesta vida
de cabotagem
contornamos
a fachada do bar
a mesa
          aportamos:

uma cerveja
dois copos

COME BACK TO ME

quero que você ouça
as oito estações
vivaldi e piazzolla
nos braços de gidon kremer

ou simplesmente
o inverno de piazzolla
com a osesp
em dia de festa

quero que ouça
l'appassionata
com a "desumana persona"
glenn gould

ou
se preferir
eduardo monteiro
vladimir horowitz
arthur rubinstein
mikhail pletnev
sviatoslav richter

que ouça tudo
que me faz lembrar você
mãe
e por tabela
dora ferreira da silva

quero compartilhar
minha shirley horn
recém-descoberta
cantando:

you won't forget me
don't let the sun catch you crying
ou ainda
a manjada
my funny valentine

quero que descubra
bebo (pai)
e chucho (filho) valdés
aníbal arias
e tudo de que sei gostaria

mas você
não responde
não está
faz um ano já
nem aí

aumento o som
até o último volume

AOS QUE TORTURAMOS NOSSA MÃE

eu queria ser outra
queria ter nascido
em outro lugar
queria viver
onde não houvesse
sofrimento
onde todos me olhassem
através de olhos claros
onde as mãos
fossem quentes
e me procurassem
queria não ver mais
em meu espelho
a desconfiança o terror
queria ouvir
outra língua
que não tivesse
as palavras
agora ouvidas
sons que me ferem
e me fazem fugir
queria outros tetos
para me abrigar

outras árvores
para me dar sombra
queria outro céu
mais próximo
outras águas
que me embalassem

CONSULTÓRIO

afinal
meu pai se tornou
um dermatologista
heterodoxo

só atendia
de porta aberta

pedia ao paciente
antes de mais nada
para cantar uma canção
ou declamar um poema

depois
para relaxar de bruços
emborcar
sobre uma poltrona

da sala de espera
eu assistia a tudo
e intuía:
na hora h
saberei resistir

até um amigo
bastante formal
pude ver de bruços —
e me constrangi
com a cena

quando fui para a maca
minha mãe
também médica
(ginecologista e obstetra)
fazia as vezes
de enfermeira

tentava me convencer de algo —
mas eu era
invencível

PAPAI E A PAPAÍNA

papai acha
muito útil
a papaína

papai dá conselho:
use papaína

papai diz: a papaína
transforma carne de segunda
em carne de primeira

logo percebo:
papai é mágico
e carnívoro

e a papaína
seu princípio ativo

RÁDIO DE GALENA

zumbe em meu crânio
um rádio de galena
que não conheci

salvo
dois ou três vestígios
na gaveta inferior
do armário

segundo
o falecido avô
aquilo eram peças
de um tio
que debandara
para os EUA

faz hoje
50 anos
que as vi
inúteis
nesse armário
de um quarto de edícula
sobre a garagem

meu avô
cem por cento calvo
possivelmente eletrocutado
por algum
rádio de galena
ou outra bugiganga
inventada no século xx

avião bomba atômica
banda larga
microscópio eletrônico
tubo de raios catatônicos
torradeira computador
ressonância magnética
máquina de lavar
satélites

hoje
querem me seduzir
a depositar a memória
em nuvens invisíveis
e compartilhá-la
com todos

tenho de acreditar
devo acreditar
porém
sou cético

não inventei
a física quântica
não descobri
os quarks
não intuí
a teoria das cordas
nem a dos buracos negros

além do mais,
e se chover?

PREMONIÇÃO

um céu de chumbo
tão baixo
          possível

nele pendurar:
um cabide
uma gaiola
uma corda com laço

amarrotar a roupa
dentro da gaiola

descansar a máscara
no cabide

definhar o canto
no trapézio do laço

COLAGEM DE CACOS

desejo fugir
para uma região
que não existe

onde a paisagem
fosse tão mais triste
que desse vontade
de voltar

a morte
é uma saída de emergência

ZONA DE CONFORTO

se você
viu um prego
em minha testa

e acha
que isso faz
todo o sentido

então viver
é menos perigoso
do que eu imaginava

vamos
pendure
um quadro

ACIDENTE

um leque
aberto, encharcado
grudado de mau jeito
no chão

uma asa
de borboleta
sem borboleta
(ou pétala)
pisada

um esqueleto
de vento
sem a mínima palpitação
do voo

HOSPITAL

deitado na maca
na penumbra
de um quarto tranquilo

ao pé da janela
persianas fechadas
faço ultrassom

do lado de lá
da parede

quem o coitado
na sala de cirurgia?

um ruído estridente
quase insuportável
de serra elétrica

e o baque seco
repetido
de uma marreta

CÉREBRO

se caminho pela trilha
das ilhas
nos arquipélagos

se minha vida
é povoada de
sereias
polifemos

se desço ao
sulfuroso banho
ou à seção
de degolados
no quinto subsolo

se jogo a rede
sobre as estrelas
e depois
as devoro

se as garras
dos pterodátilos
durante a noite

rasgam
carnavalizam
minhas sinapses

se
estimulada
pelo fole
de meus pulmões
a extrusão
de meus neurônios
se assemelha
à ira dos vulcões

se minhas unhas
de amianto
escarificam
a chama o algodão
do último
e mais violento
amor

cérebro que só serviu
para me prever
depois de morto

AUTOMANCIA

a água
entra e sai
das cavidades orbitais

rola o crânio
na multidão de seixos

um ou outro
se encaixa à perfeição
e depois se solta

o interior da caixa
acumula
alguns búzios

a pulsão do mar
não cessa
de embalar os seixos

o crânio rola

e toca
como um chocalho

RELEVANTES INFORMAÇÕES
DO SR. LINEU

ainda há
uma gaveta
livre

o ossário
fica acima
das gavetas

não há
portanto
necessidade
de exumação imediata

não existe
tempo de carência
após um pronto sepultamento

e o pronto sepultamento
é bem menos burocrático
do que um processo
na prefeitura

NOTÍCIA

por que
hoje
tão cedo
fui olhar
a romãzeira
no quintal?

um sabiá
grande
laranjeira
voou
     do chão
     para o galho
           do galho
           para o telhado da edícula

volto para a cozinha
e antes da soleira da porta
vejo
     delicada libélula

     formigas
     a visitam

meu amigo morreu

a romãzeira
dá frutos
o ano todo

foi
presente dele

     é ele
     sempre
     presente

A TERCEIRA MARGEM

sempre me assombrou
esse apartar-se

        definitivo/ doído
        para quem fica
        com os pés em terra firme

sempre me assombrou
esse emancipar-se

        incomunicante/ doido
        de quem se mudou
        para o curso do rio

sempre me assombrou —

        até que um dia
        o muito próximo
        entrou em coma

ABSOLUTO

não quis
ser um toureiro
clássico

quis
deixava
a vida
se aproximar
ao máximo

desejou
deixava
que chegasse
a ponto
de o roçar

não raro
a vida
rasgou-o
gravemente

deu entrada
no hospital

dezenas
de vezes

até que
um dia
não pôde mais:

da morte
em praça pública
divorciou-se

na casa
dos sessenta
cindiu-se
de vez
(fundiu-se?)

já não sabia
quem
o touro
quem
o toureiro

então
suicidou-se

FEBRE

uma febre
me assola

não veio a galope
num cavalo errante

nem com o vento
bafejado na barra
de uma bandeira

(todas as bandeiras
esgarçaram-se no tempo
viajaram do trapo
ao pó)

insidiosa
a febre
já teve nome

no entanto
o porão sugou-o
na voragem
de um aspirador

sugou
como suga
enxoval
luxúria

para despistar
virei
uma bicicleta
de ponta-cabeça

besouro emborcado
com as patas no ar

como há muito
não fazia
girei o pedal
com a mão

um hodômetro
no guidão
girando
girando

mesmo parada
a esbelta bicicleta
tinha ares de ícaro

MIRAGEM

desço da jardineira —
tudo tão
aridamente
real

a chegada o vilarejo o calor
uma gripe de chumbo
a fome engolindo
ruas de areia

súbito
dobra a esquina
surge
cruza a rua

o pavão de Sosígenes
o próprio doge

chão da tarde
céu de areia
um cometa azul
e sua cauda de galenas

estridente aurora cometa doge
sobe dois degraus
de cimento
ignora a foto
e

sem espelho onde se mirar
segue para um quintal
arrastando o peso
de seu manto cósmico
que a seleção natural
não amputou

SERENDIPITIA

Serendib
de sarandib
de singhal-dib
(*ilha do leão*)

era como
os comerciantes árabes
da antiguidade
chamavam o Sri Lanka

Sri Lanka
em sânscrito
quer dizer
ilha resplandecente

antes
os cartógrafos gregos
a chamaram Taprobana
e depois
os portugueses,
Ceilão

a palavra
serendipitia
serendipidade
ou mais naturalmente
serendipismo

se origina
da palavra inglesa
serendipity
criada pelo escritor
Horace Walpole
em 1754
a partir do conto infantil persa
Os três príncipes de Serendip

graças a sua capacidade
de observação
e sagacidade
os três príncipes
viviam fazendo
descobertas inesperadas

Arquimedes na banheira
August Kekulé em sonho
e Alexander Fleming
por seu descuido com as bactérias
no laboratório
ao sair de férias

acabaram descobrindo
o Princípio de Arquimedes
o anel benzênico
e a penicilina —

três bons exemplos
de serendipitia
assim como
a própria palavra

RISCO

palavras
são lagostas entocadas
perigosas

cortou-me uma
ontem

não rogo praga
não desisto

ao contrário —
insisto

tento agarrá-las
pela parte de trás

ASSASSINA

a palavra
quando nomeia
assassina

"Lázaro,
vem para fora!"

mas Lázaro
estava morto
há quatro dias —
malcheiroso

a palavra
não tem
o poder
de reverter
a ausência da coisa

coberto de faixas
e terra
Lázaro
revive

porém
um morto-vivo

VOO

as toalhas
estão querendo
voar

as cadeiras recostadas
prendem puxam
as toalhas

não tive a felicidade
de ser o inventor
da felicidade

embora muitas vezes
a tenha erguido nos braços
e rodopiado com ela

A

memória
é um possível nome
para o que sou
        embora não lembre mais
        por que nasci

eu estava
no meio da praça
chupando
um umbu

      (fêmea,
      a fruta
      se chamaria
      umbua

      e me devoraria
      nua
      e verde)

é tarde

sou porosidade
de pedra-pomes

crateras
vazios

lua
flutuo sobre ondas
de ruas

tenho muita fome
de conhecimento
tenho muita fome
de atrito

sede de pele
e corpo

uma tarde dessas
uma libélula
me seduziu

negra
chamou minha atenção
mais do que Descartes

TRANSLAÇÃO

I

há uma paisagem de chuva
se movendo comigo

venho de carro
venho a pé
venho de trem

fora de mim
o sol
castiga

e muito

chicote
ferro em brasa
soda cáustica

dentro de mim
há chuva

de onde ela estava
veio me seguindo

e estava
um dia
sobre a morraria
sobre os telhados
sob a nuvem de grafite
sob os arcos da ponte

agora
está se pondo
em mim

II

há uma paisagem de sol
se movendo comigo

venho de carro
venho a pé
venho de trem

fora de mim
a chuva
castiga

e muito

chicote
lâmina de aço
pregos

dentro de mim
há sol

de onde ele estava
veio me seguindo

e estava
um dia
sobre a morraria
sobre os telhados
sob a nuvem de grafite
sob os arcos da ponte

agora
está se pondo
em mim

juro:
não o engoli

CAPIM

abro a primeira porta
e vejo mais três portas
abro uma
e vejo mais duas
abro outra
e vejo mais cinco

um dia abrirei uma porta
que dê em
colina pasto trilha

uma moça virá
carregando uma cesta de aspargos frescos
e me oferecerá

e comerei ali mesmo
porque estou com fome

e o humano terá luzido
natural e sagrado
como o capim

CROMELEQUE

como entender
esse recinto megalítico
esses menires

como interrogar
cinco
oito mil anos
que nos separam

como orar
no centro
desta beleza

se turistas aposentados
saídos de uma van
ou óvni
fazem piquenique
babam vinho queijo
ao lado
em altos brados?

e o pior:
talvez eles tenham razão

TARDE: ILHA

uma vela corta o mar

no passe-partout
do horizonte
três petroleiros à esquerda
montanhas em frente: o continente

o mar
e seus revérberos

bob marley
peter tosh
vinte anos calados
trincam a caixa de som
disposta sobre a areia
bob marley
peter tosh

procuro
no livro de tobias
uma explicação
para esta luz ofuscante
das três da tarde

guarda-sóis em bando
casal chileno em lua de mel
vendedores de queijo coalho
cangas bijuteria redes
manjubas fritas
e brahmas

aqui
nada é sagrado

EVASIVAS

uma borboleta azul
cruzou o meu caminho

uma borboleta azul —
extraordinário acontecimento

rápida
incrivelmente rápida
aparece desaparece
mal se deixa registrar

como veio
se vai
a borboleta azul

além da mata verde
vem o mar:

de tão verde
ainda mais azul
que o azul
da borboleta

PARQUE

respeitando o inverno
(o universo)
algumas árvores
puseram-se nuinhas

mas não
as mulheres

que mesmo sob o sol
preferem se disfarçar
atrás de seus pastores
e outros cachorros

alguns
diga-se de passagem
vestidos
como as donas

é pena que haja
tanto desinteresse
circulando pela aleia

FULANO É COLUNÁVEL

há quanto tempo
não ouvia
algo assim

e fico pensando
se fulano
ficaria melhor

como coluna
dórica
ou
jônica

PALIMPSESTO

um relâmpago
racha o azul
da porcelana
celeste

por trás
da paisagem
outra
paisagem

brutal negritude
improvável jangada
pré-cambriana
invisível
entre milhões de faíscas

procura-se um par
de carne e osso
para dançar
o silêncio estiolado do amor

INTERROGAÇÃO

acordo

uma pena
de pássaro
jaz
no chão
ao lado
da cama

então
um pássaro
ocupou
o quarto
na minha
ausência?

ocupou
o lado
esperto
da vida?

ou teria
a pena

se desprendido
                    suor
da companheira
no embate
noturno?

PASSAPORTE

amor é menos
ou mais
que esse inesperado
presente passagem
em forma de orquídea
para outro mundo
além da matéria viva
intertravada?

PICTÓRICA

pinto seu rosto
de perfil
cabelo preso
nuca
mas o olho
fitando-me
de frente

pinto seu torso
de frente
para ver melhor
seu colo
braços
seios mamilos
umbigo ventre

pinto suas pernas

de perfil
a direita
para melhor ver
a curvatura
da anca

e a perfeição esguia
da linha do pé
desde seu dedo
maior
onde tudo
principia

de frente
a esquerda
para admirar
a coxa
o joelho
e o escorço
do pé

entre as pernas
o sexo
bem ali
me olhando
de frente

SINGULAR COLETIVO

ESTAÇÃO

esse trem
que vem
do leste
extremo
da cidade

e se acidenta
contra
o comboio
de minhas
vértebras

me levaria
aonde?
ao bairro Ocaso?
à minha
casa?

SOLIDÁRIOS

entro no trem
nadando
em mar
de carne

(carne: matéria
resistente
escorada
em barras
de ossos)

entro
sob pressão

amalgamando-me
tecido contra
tecido
à massa
compacta

sem saber
se ainda tenho
braço perna

se os pés
tocam
o chão

sem saber
se ainda sou eu

os olhos voltados
para o teto
da composição

SAINDO DO TREM

jovem
tão segura de si
vai
o passo apertado
solipsista

meio hippie meio yuppie:
vestido midi
sandálias de dedo
rasteiras
trançado romano
no tornozelo

veloz
atravessa faróis
ninguém a alcança

cada vez menos à vista

então
o imprevisto:
a tira do dedo
arrebenta

a altivez
desengonça

sola semissolta
a roda do pé
gira em falso —

excêntrica

MOBILIDADE

pedalando
na ciclovia
à margem do rio
        aprecio
        a natureza
        em todo o seu
        esplendor

mentalmente
        tiro o chapéu:
                saúdo
                cada ser
                no caminho

        bom dia,
        capivara

        bom dia,
        vocês aí
        tristes
                parados como eu ontem
        na estação de trem

olá,
aves aquáticas
       olá, garça
       olá, quero-quero
       olá, pássaro-colchão
       olá, pássaro-garrafa
       olá, gaiola-sem-pássaro
       olá, paturi-tampa-de-privada
       olá, pássaro-geladeira

abro os pulmões
       e inspiro
       o deus amoníaco
       o deus ureia
       o deus enxofre

       e expiro expiro
       um a um
              meus sonhos de baunilha
              recém-saídos
              de sob o lençol

tenho fé
na vida

ave, máquinas
ave, operários
salve, construção civil —

             mais pontes
             mais passarelas
             entre este
             e o outro lado
             da vida

evoé, chuva fina
evoé, bailarina
evoé, íngreme escadaria
             (agora
             carrego eu
             a bicicleta)

evoé, escritório
evoé, relatórios
evoé, fim de linha

             evoé, aspirina

MOTOBOY

jovem
saudável
com iniciativa
prestativo
disposto
expedito
bem-humorado
veículo próprio
procura

superior
para lhe
dar ordens
ambíguas
o reprimir
explorar
humilhar
castigar

jovem
e necessitado
(a cidade
não é obstáculo)

pau pra toda obra
faz
tudo

hora extra
trabalho sujo
carrega piano
dá a cara
pra bater

TRAGÉDIA COTIDIANA

o olho
do formigueiro
anda agitado

os quero-queros
se aproveitam

as enchentes
de ontem
rebrilham
nas poças

alguns bairros
publicamente invisíveis
continuam sepultados
na água

os aeroportos
foram pacificados

no aquário celeste
aviões e pássaros
se misturam

a estatística de hoje:
29 mortos

a cabeça dói
como um fermentado
arrozal

A NOITE NA COLEIRA

sou
da cor do asfalto/
               da noite

noite/ antiquíssima/
terei quinze?

não sei falar —
não sei pensar?
               obscuro
               cuspo

eu
(posso dizer eu?)
               não tenho pai
               não sei de mãe/ avó não quer
               não tenho teto/ certidão/ cordão

eu/ nu
preso
ao poste
pelo pescoço

uma tranca
de bicicleta/ a coleira
de ferro

doem
estrelas/ vergonha
tatuadas
na carne

para mim
vida e sol
se põem
na contramão

sou
a própria noite
no pelourinho

RELÓGIO NO AQUÁRIO

quero passar a vida
num cartório —
este
por exemplo

aqui me permitem
não fazer
o que importa
e mais

acompanhar a mosca
que se desloca
do lustre
para a fórmica do balcão

do balcão
para um ponto preciso
na parede

as pessoas têm muita pressa
são ansiosas

não despregam o olho
do painel eletrônico —
anseiam pelo alarme
com seu número

a vida passa
muito rápido

não aqui
neste aquário
seco

AS MARITACAS

as maritacas
        voando em bando
comemoram
o fim de tarde

não se sabe
onde irão pousar

aqui, as mesmas
surradas notícias
sem futuro
nos esgotam

e não tenho
por que comemorar

nenhum túnel
nos fará renascer
em outro lugar

MOBÍLIA

cidade,

demole
abate
meu corpo

fura
quebra
arranca meus vidros

tudo —
ossos unhas ferros
olhos tímpanos —
brita
mói

faz de mim
pó

e depois
me reconstrói

me recria
        frankenstein
me ergue
me põe em pé

sem memória
sem história
embora vivo

CASA E BULLDOZER NA FAIXA DE GAZA

casa:
abrigo
onde circulo
lambendo sonhos
desarmado
— meu repouso;
quarteto de cordas em caramujo
onde sou fome e pão
ainda que me destempere
onde me reconheço nas manchas
de sangue café vômito sexo memória
onde estão meus avós ausentes
minha mãe ausente
meu pai irmãos amigos
eu a mulher os filhos
a ideia mesma de amor
tudo o que se dispersa
com a fumaça do cachimbo
meus objetos obesos
minhas quinquilharias
canetas chapéus selos pedras
meus livros meus papéis meus tijolos

minhas âncoras
meu cão ausente

bulldozer:

GUINCHOS

chegam
de madrugada

lançam pesadas correntes
acoplam

então
retesam
       lentamente

fazem ranger a noite
como uma avalanche de ossos
desmembrando-se

depois
aos clangues e bangues
içam a caçamba:

concreto
trocado em miúdos

CEGUEIRA NOTURNA

As veias entupidas da cidade
e não poder ser pássaro.
Parada como eu
uma sedutora caçamba de entulhos
me espreita.
Do céu ao para-brisa
me vêm mensagens
em gotas.
Já não sei
o que significa
primavera.
As estações de rádio
para onde fujo
me devolvem
para o mesmo inferno.
Enxergo-me personagem
na fala do repórter de trânsito.
O olho divino do helicóptero
capta o mapa noturno desta babel
pós-manifestações de rua.
Mas se ilude esse olhar
de joalheiro falso.
Só vê rendas de pérolas

sobre negro veludo.
Negro veludo,
esclerosado chão.

O QUE É UMA CIDADE?

Tudo muda — cidade, rua.
Escritório-ogiva shopping fone de ouvido
corredor de ônibus ciclovia
camelô cracolândia canteiro de obra
morador de rua carro blindado
homem-sanduíche igreja universal
passagem suspensa esqueitista
galeria subterrânea cidade-satélite
cosmo celular.
Dentro da cidade
muitas cidades.
Não uma caixa chinesa
dentro da outra
da outra da outra.
Não a matriosca.
Antes polvo
de múltiplas cabeças
carrossel
tambor de revólver
periféricos
exílio
guetos
idiomas.

Polvo
de múltiplos corações
excêntrico
labiríntico
centrífugo
ciclônico
insurreto.

CIDADES OCULTAS

meus olhos-nuvem
navegam
sobre a cidade

não a minha
mas uma cidade —
                    vertebrada
                    vestida de noite
                    e lantejoulas

o mar vem
e lambe
seu pé descalço

não o das outras
escondidas
dentro dela

ainda que finjam
não se conhecer
não se conhecem deveras

esta
com o pé na areia
sob a massagem
da preamar

as outras
suarentas
carregando fardos
caixotes
instalando a luz
nos postes
percorrendo galáxias
subterrâneas
escalando encostas
com as casas
nas costas

em ondas
carros
quebram
na contramão

vida breve
combustível
na reserva

meus olhos vagam
pendurados
em duplo anzol

EPITÁFIO

como pode
um congressista
dizer:

"nobre colega,
somos dois bêbados
com o copo de uísque na mão
brigando por uma pedra de gelo
no bar do Titanic"

?

assim disse o político

e isso rumino
regurgito
há tantos anos

essa pérola
neste país
de desigualdades abissais

REPÚBLICA: VOU SONHAR COM ELA?

república mata-burro

uma lesma
sobe a parede
ao lado da cama

vou sonhar com ela?

as goteiras diminuem o ritmo
a tempestade acalmou

vou sonhar com ela?

uma rachadura
um relâmpago
desce do teto
até minha cabeça

vou sonhar com ela?

os mosquitos a dengue
os gatos na rede (elétrica)

as teias de aranha
tralhas roupas espalhadas

república mata-burro

a realidade
é um pesadelo
empacado?

ENSINO

os professores
especializaram-se
na teoria e prática
da corda bamba

é bem verdade
que gostariam
de ir além

fazer upgrade —
um curso de mágico

mas o salário
não dá nem
para as contas
(mínimas)

a multiplicação
dos pães e dos peixes
é um enigma
que não têm energia
para decifrar

se a corda
rompe
vão parar
no fundo do poço
(sem os peixes)

mas não
se preocupem

aqui
eles já vivem
em solidário
acampamento

MANIFESTAÇÃO

a faísca
pode ter sido
o preço
da passagem de ônibus

a multidão
carregou as ruas
fez-se rio
descendo ladeira

fez-se mar

um mar de tempestade
convulso
entusiasmado com a chance
                de mudar a posição da praia

GREGOS E TROIANOS

há poetas
faixa preta

outros,
tarja preta

      todos
      lutando

COMO UM CÃO

Em busca
da felicidade
escolheu viver
como um cão.

Passou a morar
dentro de um
barril.

A roupa do corpo
um pouco de alimento
e o barril:
seus únicos
bens.

Uma repórter:
"Como veio
parar aqui?"

Ele:
"Filha,
você já leu
Jean Genet?"

Um dia
sentado ao sol
junto de seu
barril
recebeu a visita
do presidente.

Aproximando-se
o presidente,
comitiva ao redor,
perguntou-lhe:
"Algum desejo?"

(Tivesse e seria
imediatamente
satisfeito.)

"Sim, desejo
que saia
da frente
do meu sol."

PERISCÓPIO

temporal —
onde estão meus óculos?

fico parado no ponto
contemplando o vidro fosco
da paisagem

e ainda meus pés
cismam
em ser âncora

encharcado
dou de ombros
e os ombros concordam:
— o que nos importa?

até que
adivinho o ônibus
dou sinal de mão:
pare, me resgate

mas não!

singular,
o coletivo não para
acelera

SEMIPRECIOSAS

verdes vermelhas
a gente queima
com bicarbonato querosene
solução de pilha
e de bateria de carro
hulk capitão américa
bate uma adrenalina forte
a brisa dura mais
bagulho novo
bagulho bom
preço tabelado
confiscaram mil papelotes
não vimos nem o cheiro
nem tudo é o que parece
o saci e seu cachimbo

MUSEU ÍNTIMO

chega um tempo
em que

          assim como
          as ostras
          produzem
          pérolas

passamos
a fabricar
pedras

          no rim
          na vesícula
          etc.

mas
ao contrário
das pérolas

as pedras
não valem
nada

                    nem para
                    os porcos

deixam
um rastro
de dor

                    e depois
                    vão
                    direto ao esgoto
                    ou

                              se
                              por sorte
                              as capturamos

                    para algum
                    íntimo/ inútil
                    museu

SALÁRIO

Eu vi o pôr do sol
na parede
de um prédio.

Quase sem janela e sem olhos
para ver
eu vi o pôr do sol.

Devo ficar feliz:
o prédio era
um grande espelho.

E as cores do oeste
em sua fachada,
razoavelmente fauves.

DIAS DE GUILHOTINA

se me dizem:
"sois rei"

na hora
ergo uma coroa
homologo meu crânio

se me dizem:
"não passas
de um zé-ninguém"

me firo
e logo alimento
essa ferida

ouço amiúde
às minhas costas:
"lá vai
o engolidor de corda"

POETA?

eu sou
o autista
da 25 de março —

> a multidão
> o proteja

eu sou
o louco
da santa efigênia —

> o que vaga
> com um toca-discos
> debaixo do braço

eu sou
o esquizo
da funchal —

> adicto
> vasculha
> cada gaveta
> da papelândia

COTIDIANO

ganhei um copo tão pequeno
que mais parece um dedal

como beber água
nesse copo de elixir
duende ou dervixe?

a cada minúsculo gole
— vixe, secou! —
é necessário reenchê-lo

já tomei uns quarenta
e nada de matar a sede!

CIRCUITOS: TUMULTO

as cores das carpas
represadas no tanque
do chafariz
estão chorando

os edifícios
suas garras felinas
arranharam
as nuvens

alguns
de tão sinuosos
          maleáveis
têm apelidos eróticos —
Marilyn Monroe
por exemplo

aqui no chão
porém
junto às carpas
num café

poucas pegadas
de sol
e samba

caminhos estreitos
e curtos

ILHA DE CALOR

carneiro vou cansado
pelas ruas

por não ostentar
asas
nadadeiras
as pessoas
não dão por mim

fosse um camundongo
ao menos gritariam
contra o cinza
as mais sensíveis

mas nem isso

embora eu tenha
muita lã
para dar
a cidade
ilha de calor
não se importa

preciso arranjar
um trabalho
uma companhia

tanta porta

não sei
onde bater
o chifre

ANOTAÇÕES PARA
UMA BIOGRAFIA DA TERRA

A Terra tem 46 anos.
Até os 7 anos de idade
dela nada se sabe.
Até os 42
sabe-se muito pouco.
Os dinossauros só apareceram
quando a Terra já tinha
44 anos completos.
Os mamíferos entraram em cena
nos últimos 11 meses.
Exatamente
há 3 semanas
alguns macacos
parecidos com o homem
evoluíram para um homem
parecido com o macaco.
Na véspera de completar 46 anos
a Terra sofreu
a última grande glaciação.
O homem moderno surgiu
nas últimas 4 horas.
Há apenas 1 hora
descobriu a agricultura

e se fixou à terra
sedentário.
A revolução industrial
ocorreu no último minuto.
Nos 60 segundos seguintes
o milagre desta vida
— de Terra, de homem? —
se tornou
risco.

METEORO

tantas árvores
plantadas
na órbita
dos olhos
que o vento
do medo
me leva
a soletrá-las
enquanto
um raio desce
risca
a giz e veneno
        como arco
        de violino
a atmosfera
grávida
de chuva
deste semiárido

eu bem podia
ser uma vela
queimando

até a última lágrima
de parafina

mas coube-me
ontem
a sorte
de ver esse incêndio
em céu noturno

meteoro
que era
— mais que efêmero brilho —
chama
não descendia
de nenhuma
lua cheia

de nenhuma
teta matriarca
sentada
no topo
da árvore
genealógica

BURACO NEGRO
(*MISE EN ABYME*)

caminhava
lentamente
sobre a beira
do universo
como se
caminhasse
sobre os lábios
de um funil

        que emenda em outro
        que emenda em outro
        e assim sem fim

a passagem
de um funil a outro
de um universo a outro
sendo estreita
como um cordão
umbilical

        mas possível
        assim como
        o surgimento
        de uma supernova

eu e o tempo
seguimos então
tresmalhados
entre horizontes
de espelhos

LADO C

que grito
trilho
águia
crise

viaja
dança
comigo

o vinil
da Via
Láctea

e me lança
no umbigo
sumidouro

e me mostra
o outro lado
dessa
moeda?

RE-

cansaço
de quilometragem
percorrida

mais
se penso
no planeta
em que vou
de carona

mais ainda
se olho
para o destino
e não vejo nada
além da estrada

estão cansados
os sapatos
antes dos sapatos
os pés
e antes dos pés
a mente

estão cansados
o terreiro
a praia
o asfalto
o universo

tantas coisas
armazenadas
tantas coisas
por descobrir
ainda

será
a estrada mesma
a merecida razão
de viver?

vou trocando
de pele
(de corpo?)
pelo caminho

sempre procurando
o ninho o ponto
onde nascer

um ponto-atrás
ou

um ponto
of no return

PRAGA

galpão industrial
do inferno

entre nuvens
de dioxinas
e furanos

funcionam
três incineradores
de resíduos

um funcionário disse:
        olha
        um grilo
        na canaleta
             cuidado

        pega
        joga ele na grama
        do lado de fora

o outro
obedeceu

abaixou-se pegou
aquele inseto enorme
e disse
     morto

não era grilo
era gafanhoto

Estou cansado de estar vivo,
Ainda que mais cansado seria de estar morto;
Estou cansado de estar cansado.

Luis Cernuda, *Como eu, como todos*

DEDICATÓRIAS

Alguns poemas do livro são dedicados a pessoas que admiro. Por um motivo ou outro, foram escritos sobre a marca d'água de cada uma.

"Baú de família", Georg Haberkamp, *in memoriam* (avô materno, alemão, emigrado para o Brasil em 1924);

"Teratologia", Eliane Robert Moraes (por seu instigante *Perversos, amantes e outros trágicos*, Iluminuras, 2013);

"Incendiário II", Fabio Weintraub (por tantos anos de amizade e por seu temperamento visceral);

"Papai e a papaína", Priscila Figueiredo (uma centelha de seu humor);

"Cérebro", Boris Vian (como tradutor de seus poemas, trago-o em mim);

"Relevantes informações do sr. Lineu", Alberto Martins (por seu insólito *A história dos ossos*, Editora 34, 2005);

"Notícia", "Colagem de cacos" e "Gregos e troianos", Donizete Galvão, *in memoriam* (pela amizade sempre atenta, por tudo que compartilhou e pela obra que nos legou);

"Capim", Heitor Ferraz (poema captado nas ondas de uma entrevista que deu para um programa de rádio);

"Epitáfio", João Lopes Guimarães Jr. (por sua veia irônica; de uma antiga conversa sua com meu irmão, Luís Roberto Proença, surgiu o *ready-made*);

"Saindo do trem", Paulo Ferraz (ao modo de alguns de seus poemas em *Evidências pedestres*, Selo Sebastião Grifo, 2007).

NOTAS SOBRE OS POEMAS

Versões anteriores de alguns poemas do livro apareceram nas seguintes publicações:

.doc, nº 4, Rio de Janeiro, julho-dezembro 2007, http://www. revistapontodoc.com/4.htm ("Salário");

Celuzlose, nº 3 (digital), São Paulo, 2009, http://celuzlose. blogspot.com ("Circuitos: tumulto", "Como um cão", "Anotações para uma biografia da Terra");

Celuzlose, nº 8 (digital), São Paulo, 2011, http://celuzlose. blogspot.com ("Acidente", "Estação", "As maritacas", "O que é uma cidade", "Tarde: ilha", "Premonição");

Nanico, nº 22, São Paulo, Giordano, 2011 ("Anotações para uma biografia da Terra", "Circuitos: tumulto", "Como um cão", "Epitáfio", "Relógio no aquário", "Serendipitia");

Celuzlose, nº 1 (impressa), São Paulo, Dobra, 2011 ("Epitáfio", "Hospital", "Relógio no aquário", "Serendipitia", "Cromeleque");

É que os Hussardos chegam hoje, antologia poética organizada por Ana Rüsche, Eduardo Lacerda, Elisa Andrade Buzzo, Lilian Aquino e Stefanni Marion, São Paulo, Patuá, 2014 ("Estação", "As maritacas");

Celuzlose, nº 4 (impressa), São Paulo, Dobra-Patuá, 2014 ("Notícia");

Eutomia — Revista de Literatura e Linguística, n° 14 (vol. 1), Recife, UFPE, 2014 ("Estação", "Solidários", "Zona de conforto", "Relógio no aquário", "Hospital", "Cérebro", "Automancia", "Relevantes informações do sr. Lineu", "Teratologia", "Miragem").

Agradeço aos editores dessas publicações: Ana Rüsche e outros (*É que os Hussardos chegam hoje*), André Luiz Pinto (*.doc*), Cláudio Giordano (*Nanico*), Sueli Cavendish e outros (*Eutomia*) e Victor Del Franco (*Celuzlose*).

O poema "Aos que torturamos nossa mãe" foi "desentranhado da prosa", à moda de Manuel Bandeira, a partir de um fragmento do romance *A menina morta*, de Cornélio Penna.

"Colagem de cacos" é uma transfiguração de uma frase e alguns versos de Emílio Moura, encontrados na introdução de Fábio Lucas para a antologia *Poesias de Emílio Moura* (Art Editora, 1991).

"Assassina" foi escrito a partir de anotações em um curso de Franklin Leopoldo e Silva e de um texto de Maurice Blanchot, "A literatura e o direito à morte", em *A parte do fogo* (Rocco, 1997).

Por último, o poema "Serendipitia" foi escrito em agosto de 2008, a partir do espanto de ver impressa em jornal essa palavra que até então desconhecia. Mais tarde, em fins de 2012, ao ler o riquíssimo romance *Um defeito de cor*, de Ana Maria Gonçalves (Record, 2012, 8ª ed.), me deparei com sua sagaz introdução em torno ao mesmo tema, "Serendipidades!" (a primeira edição do romance é de 2006). Prova da paixão que certas palavras despertam em nós, leitores.

AGRADECIMENTOS

Agradeço a todos que têm compartilhado comigo vida, amizade, conhecimento, literatura, arte e, em particular, poesia. Em especial a Alberto Bresciani, Alberto Martins, Álvaro Faleiros, Ana Paula Pacheco, Carlos Machado, Carolina Serra Azul, Chantal Castelli, Elaine Armênio, Fabio Weintraub, Fernanda Benevides, Josias Padilha, Pádua Fernandes, Paulo Ferraz, Priscila Figueiredo, Renan Nuernberger, Ricardo Rizzo, Ronald Polito, Viviana Bosi e Willy Corrêa de Oliveira.

SOBRE O AUTOR

Ruy Proença nasceu em 9 de janeiro de 1957, na cidade de São Paulo. Participou de diversas antologias de poesia, entre as quais se destacam: *Anthologie de la poésie brésilienne* (Chandeigne, França, 1998), *Pindorama: 30 poetas de Brasil* (Revista *Tsé-Tsé*, nᵒˢ 7/8, Argentina, 2000), *Poesia brasileira do século XX: dos modernistas à actualidade* (Antígona, Portugal, 2002), *New Brazilian and American Poetry* (Revista *Rattapallax*, nᵒ 9, EUA, 2003), *Antologia comentada da poesia brasileira do século 21* (Publifolha, 2006), *Traçados diversos: uma antologia da poesia contemporânea* (organização de Adilson Miguel, Scipione, 2009) e *Roteiro da poesia brasileira: anos 80* (organização de Ricardo Vieira de Lima, Global, 2010). Traduziu *Boris Vian: poemas e canções* (coletânea da qual foi também organizador, Nankin, 2001), *Isto é um poema que cura os peixes*, de Jean-Pierre Siméon (Edições SM, 2007) e *Histórias verídicas*, de Paol Keineg (Dobra, 2014). É autor dos livros de poesia *Pequenos séculos* (Klaxon, 1985), *A lua investirá com seus chifres* (Giordano, 1996), *Como um dia come o outro* (Nankin, 1999), *Visão do térreo* (Editora 34, 2007) e dos poemas infanto-juvenis de *Coisas daqui* (Edições SM, 2007).

ÍNDICE

RÁDIO DE GALENA

Baú de família	13
Teratologia	16
Incendiário I	17
Incendiário II	19
Desaniversário	20
Aniversário	22
Come back to me	23
Aos que torturamos nossa mãe	26
Consultório	28
Papai e a papaína	30
Rádio de galena	31
Premonição	34
Colagem de cacos	35
Zona de conforto	36
Acidente	37
Hospital	38
Cérebro	39
Automancia	41
Relevantes informações do sr. Lineu	42
Notícia	43
A terceira margem	45
Absoluto	46
Febre	48
Miragem	50
Serendipitia	52
Risco	55
Assassina	56

Voo	58
A	59
Translação	61
Capim	64
Cromeleque	65
Tarde: ilha	66
Evasivas	68
Parque	69
Fulano é colunável	70
Palimpsesto	71
Interrogação	72
Passaporte	74
Pictórica	75

SINGULAR COLETIVO

Estação	79
Solidários	80
Saindo do trem	82
Mobilidade	84
Motoboy	87
Tragédia cotidiana	89
A noite na coleira	91
Relógio no aquário	93
As maritacas	95
Mobília	96
Casa e bulldozer na Faixa de Gaza	98
Guinchos	100
Cegueira noturna	101
O que é uma cidade?	103
Cidades ocultas	105
Epitáfio	107
República: vou sonhar com ela?	108
Ensino	110
Manifestação	112
Gregos e troianos	113

Como um cão.. 114
Periscópio.. 116
Semipreciosas 118
Museu íntimo... 119
Salário.. 121
Dias de guilhotina 122
Poeta? 123
Cotidiano 124
Circuitos: tumulto 125
Ilha de calor 127
Anotações para uma biografia da Terra.................... 129
Meteoro 131
Buraco negro (*mise en abyme*)............................. 133
Lado C.. 135
Re-.. 136
Praga.. 139

Dedicatórias.. 143
Notas sobre os poemas...................................... 144
Agradecimentos.. 146
Sobre o autor 147

ESTE LIVRO FOI COMPOSTO EM SABON
PELA BRACHER & MALTA, COM CTP DA
NEW PRINT E IMPRESSÃO DA GRAPHIUM
EM PAPEL PÓLEN SOFT 80 G/M² DA CIA.
SUZANO DE PAPEL E CELULOSE PARA A
EDITORA 34, EM AGOSTO DE 2015.